Transformation Spirituelle et Influence Culturelle

Un voyage de foi

FAIRE UN AVEC L'ESPRIT DE VÉRITÉ !

Comment se rendre à la cité du Dieu vivant ?

Elie Kassim

Transformation Spirituelle et Influence Culturelle

Un voyage de foi

Copyright © 2023 par Elie Kassim
Édition : BoD · Books on Demand, 31 avenue Saint-Rémy,
57600 Forbach, bod@bod.fr
Impression : Libri Plureos GmbH, Friedensallee 273,
22763 Hamburg (Allemagne)
ISBN : 978-2-3225-5350-1
Dépôt légal : Janvier 2025

Elie Kassim

Elie Kassim est né dans une famille musulmane, c'est un grand passionné de Dieu.

Après sa rencontre avec le Christ en 2018, il est devenu un chrétien engagé pour propager la bonne nouvelle de l'évangile. Il s'est découvert une passion depuis quelques années pour l'écriture et l'art de conseiller, d'où la naissance de son deuxième livre.

 Épigraphe

Heureux celui qui lit et ceux qui entendent les paroles de la prophétie, et qui gardent les choses qui y sont écrites! Car le temps est proche.
Apocalypse 1:3

Table des matières

1 Transformation Spirituelle et Influence Culturelle

CHAPITRE 1

Transformation Spirituelle et Influence Culturelle

J'ai toujours aimé les films de science-fiction. J'adorais lire des bandes dessinées, tels les Avengers de Marvel, quand j'étais gamin. Aujourd'hui, les enfants leur préfèrent les mangas.

Mais ce que j'ignorais à l'époque, c'était le message caché derrière tous ces films et ces comics ainsi que tous ces jeux vidéo.

De nos jours, l'éducation a changé, la vie de nos enfants, et même de certains adultes, est rythmée par des journées remplies par les jeux vidéo, les mangas, les films et séries TV sur Netflix et autres, pour ne citer qu'eux…

C'est compter sans les réseaux sociaux qui ont pris une place plus que prépondérante dans la vie du plus grand nombre.

Prenons, par exemple, le film *Lucy*, sorti en 2014…

Gros succès, n'est-ce pas, en France comme dans les autres nations ? De quoi nous parle-t-il ?

D'une jeune femme qui travaille pour des trafiquants de drogue et son ventre est rempli d'une poudre bleue. Ces derniers veulent ainsi la faire passer d'un pays à un autre.

Elle se retrouve enfermée et violentée dans une cellule alors qu'elle gît à terre. Un des ravisseurs lui donne des coups de pied au ventre, ce qui provoque le déchirement du sachet de drogue dans son ventre. Le produit se répand dans son corps et c'est à partir de là qu'elle va connaître une transformation.

Elle va acquérir des pouvoirs illimités tels que le contrôle de la matière, des ondes, la modification de son apparence, la télépathie, etc.

Je vous passe les détails du film, allons directement au but !

Après avoir vécu cette expérience, Lucy décide d'atteindre les 100 % d'utilisation de ses capacités cérébrales et s'injecte encore trois nouveaux paquets de cette fameuse drogue bleue.

On nous explique alors qu'elle comprend le sens même de l'origine de l'existence de l'Univers, c'est-à-dire le pourquoi de l'homme sur cette Terre.

Et comme la jeune femme se rapproche de sa transformation maximale, ses membres vont commencer à fabriquer un superordinateur qui va lui permettre de voyager à travers le temps et l'espace.

Et elle disparaît dans le continuum, soit dans l'espace-temps, devant plusieurs témoins, mais avant son départ, elle transmet une clé USB à une personne, laquelle contient tout son savoir.

Lorsqu'une quelqu'un demande où est Lucy ? Elle reçoit immédiatement un SMS qui lui répond :

« Je suis partout. »

Ensuite, on entend une dernière fois sa voix :

« La vie nous a été donnée il y a un milliard d'années. Maintenant, vous savez quoi en faire. »

Maintenant, on va décortiquer ensemble ce film et on va l'analyser en lien avec la parole de Dieu.

De quoi est-il question ?

De transformation.

Pour faire simple, comment partir d'un point A pour aller à un point B.

Cela veut dire qu'il faut emprunter un chemin nouveau pour atteindre la stature de quelqu'un.

« Transformer » en grec se dit *metaschematizo*, qui veut dire changer de figure, transformer. Les synonymes du mot « transformer » sont nombreux. Pour notre explication, on va en prendre seulement trois : <u>Changer, renouveler, devenir.</u>

N.B. : pour les passionnés des codes Strong (permettant d'étudier les textes bibliques en s'appuyant sur les termes originaux en grec et en hébreu), « transformer » correspond au numéro 3345.

La traduction du Semeur l'utilise 22 fois tandis que celles de Louis Segond et de Martin, 2 fois.

Pour le cas qui nous concerne, on parle de transformation de l'homme jusqu'à ce qu'il atteigne la stature du Divin.

C'est pour cette raison que l'on va plutôt s'appuyer sur le Nouveau Testament, c'est-à-dire la Nouvelle Alliance.

Que nous dit l'apôtre Paul à ce sujet dans Philippiens 3:21 ? Il transformera notre corps misérable pour le rendre conforme à son corps glorieux par la puissance qui lui permet de tout soumettre à son autorité.

Vous aurez compris que Paul nous parle de notre corps actuel, lequel sera transformé en un corps glorieux par le Christ le Seigneur lors de sa venue dans les nuées pour l'enlèvement de son épouse.

Pour preuve, il est également écrit :

Car le Seigneur lui-même, à un signal donné, à la voix d'un archange, et au son de la trompette de Dieu,
descendra du ciel, et les morts en Christ ressusciteront premièrement.
1 Thessaloniciens 4:16-17

Ensuite, nous qui serons restés en vie à ce moment-là, nous serons enlevés ensemble avec eux, dans les nuées, pour rencontrer le Seigneur dans les airs. Ainsi, nous serons pour toujours avec lui.

Paul nous donne encore des explications un peu plus détaillées à propos de la transformation de notre corps :

Et comme tous meurent en Adam, de même aussi tous revivront en Christ.

1 Corinthiens 15:22

Ainsi en est-il de la résurrection des morts. Le corps est semé corruptible ; il ressuscite incorruptible ; il est semé méprisable, il ressuscite glorieux ; il est semé infirme, il ressuscite plein de force ; il est semé corps animal, il ressuscite corps spirituel. S'il y a un corps animal, il y a aussi un corps spirituel. C'est pourquoi il est écrit : Le premier homme, Adam, devint une âme vivante. Le dernier Adam est devenu un esprit vivifiant.
1 Corinthiens 15:42-45

Je pense que la parole de Dieu est claire à propos de notre corps glorieux, d'ailleurs, Jésus l'a prouvé après sa résurrection puisque qu'il a passé 40 jours avec les apôtres dans son corps glorieux.

À savoir que nous sommes prisonniers du temps et de l'espace, mais pas Jésus-Christ, il peut être partout à la fois et s'adresser à chaque personne sur cette Terre d'une manière personnelle.

Il est omniscient (il sait tout sur tout), omniprésent (présent partout) et omnipotent (tout-puissant).

D'ailleurs dans Luc 24 au verset 13, deux disciples qui se rendaient au village d'Emmaüs rencontrèrent Jésus sur leur route et discutèrent avec lui, mais sans le reconnaître. Mais au verset 31, Jésus permit à ses disciples de le reconnaître. Cela nous prouve l'omnipotence de Christ.

La première personne qui vit Jésus après sa résurrection fut Marie de Magdala, comme décrit dans Jean 20:12-18. Ensuite, ce fut au tour des disciples dans Jean 20 :19-20 et de Thomas dans Jean 20:26-28.

Jésus apparut aussi à plus de 500 personnes à la fois comme expliqué dans 1 Corinthiens 15 :6.

Même à notre époque, beaucoup de personnes dans le monde rencontrent encore le Seigneur…

Il faut savoir une chose importante, Jésus est très accessible. En réalité, il est très simple de le rencontrer, mais j'en parlerai davantage un peu plus tard.

Jésus lui-même nous dit :

Je suis l'Alpha et l'Oméga, le commencement et la fin, dit le Seigneur Dieu, celui qui est, qui était, et qui vient, le Tout-Puissant.

Apocalypse 1:8

Dans le même livre, Jésus nous dit :

[…]celui qui ouvre et personne ne fermera, celui qui ferme et personne n'ouvrira […].

Apocalypse 3:7

On pourrait ainsi continuer à répertorier les nombreux versets venant prouver l'omniscience, l'omniprésence, l'omnipotence de Christ…

Pour entrer dans cette transformation et comprendre le sens même de l'origine de l'existence de l'Univers, et la raison de la présence de l'homme sur Terre, il nous faut rencontrer Dieu et le voir face à face.

On nous a menti toute votre vie ; aucune religion dans ce monde ne pourra nous sauver. Pour ce faire, il n'y a qu'un seul moyen, lequel consiste tout d'abord à faire une rencontre personnelle avec Jésus-Christ de Nazareth.

Pourquoi ? La Bible l'explique clairement ; personne ne peut aller à Dieu sans emprunter le chemin de la vérité et de la vie qui mène au Père, c'est-à-dire en reconnaissant et acceptant Jésus-Christ.

Il est primordial de vivre la nouvelle naissance dont Jésus parle, laquelle peut certes s'avérer une expérience surnaturelle aux yeux du monde, mais qui est en réalité seulement la première transformation.

Voici ce que Jésus dit à un docteur de la loi (Nicodème) :

Jésus répondit : En vérité, en vérité, je te le dis, si un homme ne naît d'eau et d'Esprit, il ne peut entrer dans le royaume de Dieu. Ce qui est né de la chair est chair, et ce qui est né de l'Esprit est esprit....

Jean 3:5-6

600 ans plus tôt, avant la venue du Christ, une prophétie dans l'Ancienne Alliance (l'Ancien Testament) annonçait qu'elle allait s'accomplir après que Jésus-Christ serait entré dans sa gloire et que le Saint-Esprit serait venu sur Terre à la Pentecôte.

Voici ce que Dieu dit :

'

Je vous donnerai un cœur nouveau, et je mettrai en vous un esprit nouveau ; j'ôterai de votre corps le cœur de pierre, et je vous donnerai un cœur de chair.

Ézéchiel 36:26

Vous l'aurez compris, en réalité, pour comprendre l'Univers et le pourquoi de l'homme sur Terre, il faut entrer dans le royaume de Dieu et il nous faut vivre cette nouvelle naissance, cette première transformation que Jésus évoque dans Jean 3.

Un chrétien en Christ est amené à vivre le surnaturel de Dieu, ce qui n'est autre que le naturel de l'Éternel des armées.

La puissance qui demeure dans un véritable chrétien est la puissance du Christ vivant.

[…] Celui qui est en vous est plus grand que celui qui est dans le monde

1 Jean 4:4.

Dieu parle et les choses viennent à exister, c'est le naturel de Dieu…

Mon Dieu, et votre Dieu, n'a point changé, il est le même aujourd'hui qu'hier et le sera éternellement. Nous servons le Dieu d'Abraham, d'Isaac, de Jacob et Moïse, pour ne citer qu'eux.

C'est pour cette raison que j'ai dit précédemment qu'aucune religion – quelle qu'elle soit – ne peut sauver et transformer quiconque sur cette Terre. C'est en faisant de Christ son Seigneur et son sauveur, que des changements radicaux vont s'opérer dans votre cœur. Une fois que vous invitez Jésus-Christ de Nazareth, attendez-vous à de grands bouleversements dans votre vie. Vous serez vraiment surpris de constater à quel point aucune forteresse ne peut tenir devant la puissance du Seigneur.

C'est pourquoi, si tu confesses le Seigneur Jésus de ta bouche, et si tu crois dans ton cœur que Dieu l'a ressuscité des morts, tu seras sauvé.
Romains 10:9

Je referme la parenthèse !

Alors après avoir vécu la nouvelle naissance, qui demeure la transformation la plus importante – parce que c'est à partir de cet instant que vous êtes sauvé et que vous devenez enfant de Dieu – et le Saint-Esprit vient habiter en vous.

Vous allez assister à de profonds changements, c'est obligatoire…

La deuxième chose à faire est de se faire baptiser par immersion dans l'eau pour officialiser son appartenance en Christ et pour désormais marcher en nouveauté de vie.

La troisième chose est de demander à Dieu que vous soyez revêtu et baptisé de la puissance et du feu du Saint-Esprit.

Pourquoi cela est-il très important ?

À cause de ce que Jésus a dit à ces disciples. Ne faites rien tant que la puissance de Dieu n'est venue sur vous. C'était un ordre du Seigneur et cette promesse est encore d'actualité pour les enfants de Dieu jusqu'au retour du Christ.

Et voici, j'enverrai sur vous ce que mon Père a promis ; mais vous, restez dans la ville jusqu'à ce que vous soyez revêtus de la puissance d'en haut.

Luc 24:49

Jésus nous a beaucoup parlé de la personne du Saint-Esprit et de son importance pour le peuple de Dieu.

Voici ce que nous dit Jésus :

J'ai encore beaucoup de choses à vous dire, mais vous ne pouvez pas les porter maintenant. Quand le consolateur sera venu, l'Esprit de vérité, il vous conduira dans toute la vérité ; car il ne parlera pas de lui-même, mais il dira tout ce qu'il aura entendu. Il me glorifiera, parce qu'il vous annoncera les choses à venir. Il prendra de ce qui est à moi, et vous l'annoncera. Tout ce que le Père a est à moi ; c'est pourquoi j'ai dit qu'il prend de ce qui est à moi, et qu'il vous l'annoncera.

Jean 16:12-14

Dans Jean 16:12-15 voici ce que Jésus nous dit :

J'ai encore beaucoup de choses à vous dire, mais vous ne pouvez pas les porter maintenant. Quand le consolateur sera venu, l'Esprit de vérité, il vous conduira dans toute la vérité ; car il ne parlera pas de lui-même, mais il dira tout ce qu'il aura entendu, et il vous annoncera les choses à venir. Il me glorifiera, parce qu'il prendra de ce qui est à moi, et vous l'annoncera. Tout ce que le Père a est à moi ; c'est pourquoi j'ai dit qu'il prend de ce qui est à moi, et qu'il vous l'annoncera. Avez-vous remarqué qu'à chaque fois que Jésus évoque le consolateur, il en parle comme d'une personne ? Le « il » est utilisé et cela revient dans de nombreux versets de la Bible quand Jésus nous parle du Saint-Esprit.

C'est notamment le cas dans le livre de la Genèse. Dieu dit, créons l'homme à notre image et pas à mon image.

Dieu est certes un, mais en Dieu le Père, Dieu le Fils et Dieu le Saint-Esprit, comme toi, tu es corps, âme et esprit. Et le pire qu'un chrétien puisse faire sur Terre, c'est d'ignorer l'Esprit de vérité.

Et c'est pour cela que Paul dit :

N'attristez pas le Saint-Esprit de Dieu, par lequel vous avez été scellés pour le jour de la rédemption.

Éphésiens 4:30

Qui dit personne, dit obligatoirement des sentiments, n'est-ce pas ?

Le Saint-Esprit est tout simplement la personne de Dieu. La parole de Dieu est claire à ce sujet. Si vous avez un doute, il est écrit, ils seront tous enseignés par Dieu. Ou encore si vous n'êtes pas d'accord, Dieu vous éclairera.

(Lire Philippiens 3 :15)

Alors posez la question directement au Saint-Esprit et vous observerez la réponse qu'il vous donnera.

Je referme la parenthèse…

J'évoquais donc l'importance de vivre la nouvelle naissance (naissance d'en haut). Ceci constitue la première étape de la transformation parce que Christ vient habiter en nous. Nous sommes amenés à être transformé de gloire en gloire jusqu'à l'image parfaite de Christ.

Mais comment y parvenir ?

La première clé, c'est la dévotion, il faut tomber fou amoureux de Jésus-Christ. Et là, vous dites, mais qu'est-ce qu'il raconte, celui-là ! Je vous réponds que tout a été créé par amour. Regardez, lorsque Dieu a créé l'homme, il l'a créé à son image pour qu'il lui ressemble. Eh bien ! c'est la première déclaration d'amour de Dieu. Il nous a aimés le premier. Ce ne sont ni ta mère, ni ton père, ni ton oncle, ni ta tante, ni tes cousins ou tes cousines qui t'ont aimé les premiers, mais bien ton créateur. L'Éternel des armées est son nom. Amen.

La réalité est la suivante : tu dois vivre personnellement le surnaturel de Dieu tous les jours de ta vie pour que ça devienne ton naturel, et ceci commence par la dévotion pour Christ, parce que Dieu est amour, vérité et il est la vie. Oui, il est la vie. Sans Christ, que tu le veuilles ou non, ton esprit est mort, il n'y a point de vie en lui. C'est pour cela que tu n'es pas en paix et que tu essaies d'apaiser ton âme avec toutes sortes de choses de la vie courante. Mais c'est peine perdue si Jésus n'est pas dans ta vie. Il n'y a point d'amour en toi, tout n'est que façade et paraître, mais à l'intérieur, c'est mort.

Je suis désolé de faire ce constat un peu dur, mais c'est justement parce que j'étais mort avant cela, sans Christ dans ma vie, et je n'en étais pas conscient.

Voilà pourquoi nous devons renaître par l'Esprit-Saint, sinon nul ne verra le royaume de Dieu.

(Lire Jean 3:5)

1. La première clé

Je disais donc que nous sommes à même, après la nouvelle naissance, d'être transformé de gloire en gloire à la stature parfaite de Christ.

(Lire Éphésiens 4:13)

Voici le mode d'emploi pour les personnes qui veulent se trouver en Christ et qui souhaitent vivre une vie surnaturelle et de véritable transformation.

Pour faire simple, nous allons faire un bond dans mon passé, et je vais vous raconter comment les choses se sont passées.

Pour avancer sur ce chemin de la métamorphose, la première clé, comme je vous l'ai dit, est l'amour, il faut demander dans la prière à tomber fou amoureux de Christ.

2. La deuxième clé

Et non des moindres, c'est la communion avec la personne du Saint-Esprit, parce que là où il y a l'Esprit du Seigneur, là se trouve la liberté. Votre demande passe toujours par la prière.

3. La troisième clé

Tout aussi vitale, elle nous conduit à parler avec le Saint-Esprit. Cela peut vous paraître bizarre, c'est pourtant une réalité. Demandez-lui de faire un avec lui, échangez avec lui comme avec un Père ou un ami. Attention, pas une journée ne doit s'écouler dans votre vie sans avoir discuté avec le consolateur. Cette conversation vous apprend à bien reconnaître sa voix. De plus, cet échange va vous transformer par la gloire jusqu'à atteindre la stature parfaite de Christ.

Je vous garantis que si vous n'appliquez rien que ces 3 clés, votre relation avec Dieu va prendre une tout autre dimension. Et vous savez ce qui va se produire ensuite ? Vous allez de plus en plus entrer dans le naturel de Dieu.

Mais, comme il est écrit, ce sont des choses que l'œil n'a point vues, que l'oreille n'a point entendues, et qui ne sont point montées au cœur de l'homme, des choses que Dieu a préparées pour ceux qui l'aiment. Dieu nous les a révélées par l'Esprit. Car l'Esprit sonde tout, même les profondeurs de Dieu.

1 Corinthiens 2:9-10

Étant donné que le voile est déchiré, nous disposons d'une libre entrée dans le sanctuaire par le moyen du sang de Jésus. Nous empruntons la nouvelle route vivante que Jésus a inaugurée au travers du voile.

(Lire Hébreux 10:19-20)

Ce livre nous donne encore plus de détails : lorsque vous entrez en communion avec le Saint-Esprit, vous vous rendez en réalité dans le lieu très Saint. Je vous laisse découvrir par sa lecture ce que Jésus a fait. Cela dépasse tout. Je n'ai pas de mot assez fort pour lui dire MERCI…

Mais vous vous êtes approchés de la montagne de Sion, de la cité du Dieu vivant, la Jérusalem céleste, des myriades qui forment le chœur des anges, de l'assemblée des premiers-nés inscrits dans les cieux, du juge qui est le Dieu de tous, des esprits des justes parvenus à la perfection, de Jésus qui est le médiateur de la nouvelle alliance, et du sang de l'aspersion qui parle mieux que celui d'Abel.

Hébreux 12:22-23-24

D'où l'importance de la communion avec le Saint-Esprit qui nous emmène régulièrement dans le lieu très saint pour notre transformation parce qu'il faut que Christ grandisse en nous.

Que la grâce du Seigneur Jésus-Christ, l'amour de Dieu, et la communication du Saint-Esprit, soient avec vous tous !
2 Corinthiens 13:13

[…] ce que nous avons vu et entendu, nous vous l'annonçons, à vous aussi, afin que vous aussi vous soyez en communion avec nous. Or, notre communion est avec le Père et avec son Fils Jésus-Christ.
1 Jean 1:3
Tout ce que je viens de dire plus haut est devenu possible parce que Jésus, qui est né de l'Esprit de Dieu, est venu sur cette Terre. Il faut savoir que pour ce faire, Jésus a d'abord dû mourir pour nos péchés sur la croix de Golgotha et il a fallu qu'il fût ressuscité au 3e jour, car sans cela, rien n'aurait été possible pour nous sauver.

Le Saint-Esprit montrait par là que le chemin du lieu très saint n'était pas encore ouvert, tant que le premier tabernacle subsistait.

Hébreux 9:8

Attention, je ne dis pas que la communion fraternelle n'est pas importante, mais je dis que la communion avec Dieu est la plus importante. Christ doit devenir les prémices dans tous les domaines de notre vie terrestre, la première place lui revient, car il nous a aimés le premier. Le reste est proportionnel à notre degré d'intimité avec Dieu.

N'oublions pas que notre objectif final est d'atteindre les 100 % de la transformation, c'est-à-dire atteindre la stature parfaite de Christ. C'est pourquoi il est si vital d'entretenir une réelle intimité avec le Saint-Esprit.

[…] jusqu'à ce que nous soyons tous parvenus à l'unité de la foi et de la connaissance du Fils de Dieu, à

*l'état d'homme fait, à la mesure de la stature parfaite
de Christ, [...]*

Éphésiens 4:13

Et la grande question que vous vous posez
très certainement, une fois que l'on a atteint l'unité
de la foi et de la connaissance du Fils de Dieu, à
l'état d'homme fait, à la mesure de la stature
parfaite de Christ, que risque-t-il de se passer ?

À vrai dire, je n'en sais rien ! Je sais pourtant
ceci : on est amené par sa transformation à opérer
comme Dieu notre Père.

À ce propos, il est écrit dans la Bible :

*Aussi la création attend-elle avec un ardent désir la
révélation des fils de Dieu.*

Romains 8:19

Rappelez-vous d'Hénoc.
(Lire Genèse 5:24)

Il marchait tellement avec Dieu que Dieu le
prit avec lui, n'est-ce pas ?

C'est par la foi qu'Enoch fut enlevé pour qu'il ne vît point, et qu'il ne parût plus parce que Dieu l'avait enlevé ; car, avant son enlèvement, il avait reçu le témoignage qu'il était agréable à Dieu.

Hébreux 11:5

Que vous soyez conscient ou pas, ça ne change rien.

Il y a dans le cœur de l'homme beaucoup de projets, mais c'est le dessein de l'Eternel qui s'accomplit.

Proverbes 19:21

Gardons-nous de poser des limites à notre Père, car tout est possible avec le Seigneur.

Je ne sais si vous avez vu la trilogie *Matrix* ?

J'en étais totalement fan, mais ça, c'était avant ma rencontre avec Jésus-Christ, *the lord…*

Aujourd'hui, je peux vous dire avec certitude que l'inspiration de ce film vient de la Bible, à l'exception près qu'ils ont tout inversé, tout changé, comme c'est d'ailleurs le cas dans beaucoup de films de science-fiction.

Quel en est le but alors ?

Pour tout vous dire, c'est très simple : l'objectif est de mettre une semence en vous qui ne provient pas de Dieu. Je résume mon propos très brièvement. Nous avons trois acteurs principaux : Néo qui est l'élu, Morpheus le mentor ainsi que la fiancée de l'élu, Trinity. Ces deux derniers vont réveiller Néo et lui expliquer qu'il vit dans un monde factice contrôlé par des machines ; l'intelligence artificielle. Néanmoins, il existe un monde souterrain, appelé Zion, où les humains demeurent libres.

Nous rencontrons aussi l'oracle, une prophétesse, l'architecte de la matrice et l'ennemie de Néo, l'agent Smith qui incarne le mal, lequel doit combattre l'élu. Comme le pouvoir de Smith allant grandissant menace même la suprématie de l'intelligence artificielle et de la matrice. L'élu signe un pacte avec une divinité machine, il combat l'agent Smith en échange d'une paix entre les machines et les humains libres de la ville de Zion.

Le combat fait rage entre Néo et Smith, mais l'élu va remporter la bataille, y laissant sa vie. Lors de l'affrontement, Néo aspire l'agent Smith à l'aide des machines, il le fait exploser de l'intérieur, et la lumière va jaillir de lui. À la fin du 3e épisode, Néo est emmené sur une plateforme par les machines, allongé dessus, son corps en forme de croix.

Cette scène semble évidente à comprendre, même pour quelqu'un qui a lu une seule fois la Bible dans sa vie, pour saisir l'objectif premier de ce film.

Si vous êtes en Christ, ce genre de film comme bon nombre de choses dans ce monde sont faits pour mettre une semence en vous, qui n'est pas celle de Dieu.

Mais nous nous sommes régénérés par une semence incorruptible qui est la parole de Dieu.

(Lire 1 Pierre 1 :23)

Pour tous ceux qui n'œuvrent pas dans ce sens, l'objectif reste toujours le même : transformer le mal en bien, et le bien en mal…

Lire Esaïe (5:20)

Ils veulent un monde sans Dieu et le processus est en cours depuis fort longtemps. Mais ils ne savent pas qu'ils sont en train d'accomplir des prophéties et le Seigneur rit et se moque d'eux.

(Lire Psaumes 37:13)

Dieu ne nous a rien caché, il nous a tout révélé dans sa parole. La Bible est un livre ouvert sur ce monde, c'est juste incroyable.

En ce temps-là, Jésus prit la parole, et dit : Je te loue, Père, Seigneur du ciel et de la terre, de ce que tu as caché ces choses aux sages et au intelligents, et de ce que tu les as révélées aux enfants.

Matthieu 11:25

Rien n'arrive sur cette Terre si Dieu ne l'a pas permis.

(Lire Lamentations 3 à 37)

Jésus nous a avertis, tout s'accomplira. Nous devons veiller à ce qui entre dans notre cœur, nos oreilles et nos yeux qui ne sont pas une poubelle ouverte…

Matthieu 5:18

[…] Entretenez-vous par des psaumes, par des hymnes, et par des cantiques spirituels, chantant et célébrant de tout votre cœur les louanges du Seigneur ; […].
Éphésiens 5:19

L'apôtre Paul expliquait à Timothée que :

Dans une grande maison, il n'y a pas seulement des vases d'or et d'argent, mais il y en a aussi de bois et de terre ; les uns sont des vases d'honneur, et les autres sont d'un usage vil.
2 Timothée 2:20

Le Seigneur connaît ceux qui lui appartiennent, fais confiance à ton alter ego : la personne du Saint-Esprit.

Prenons encore la série culte des sœurs Halliwell, *Charmed*, que beaucoup ont suivie à travers le monde.

Je vous résume ça brièvement : il s'agit de trois sœurs qui découvrent leur véritable identité et se rendent compte qu'elles sont issues d'une génération de sorcières et de sorciers. Elles décident ensemble d'apprendre à se servir de leurs pouvoirs magiques pour lutter contre les esprits démoniaques qui veulent les détruire. Mais, attention, il s'agit là de sorcières gentilles, comme nous trouvons aussi des vampires sympathiques dans certains films, ou encore des fées, des magiciens, des hobbits, des elfes, des zombies, des loups-garous, les ogres, les gobelins, les lutins, tout en sachant que la liste est vraiment non exhaustive, mais je préfère m'arrête là.

Que les choses soient claires, mon ami, les sorcières, les magiciens, les astrologues, les devins, ont signé un pacte avec Satan, et le seul qui peut les libérer de son emprise, c'est Christ.

Ces derniers retiennent la vérité captive et ils servent la *créature* au lieu du Créateur qui demeure éternellement béni.

Il est clair que nous vivons des temps de troubles et de confusions généralisés à l'échelle mondiale. Ce monde n'est autre qu'un gigantesque Alcatraz à ciel ouvert pour beaucoup de personnes. L'objectif reste toujours le même depuis la tour de Babel (Babylone) de la génération de Nimrod.

(Lire Genèse chapitres 10 et 11)

Ils voulaient une séparation entre l'homme et son Créateur, ils voulaient un monde sans Dieu. C'est toujours vrai aujourd'hui. Et les médias et les réseaux sociaux sont devenus leur arme de prédilection pour déprogrammer petit à petit l'homme et mettre en lui une nouvelle semence, ensuite… il n'y a plus qu'à l'arroser.

Il ne vous est jamais arrivé qu'une personne vous dise, mais tu sais, c'est vrai, cette histoire est passée à la T.V. ? Il suffit d'observer la manière dont la plupart des gens dans le monde réagissent de nos jours, ils appellent de plus en plus le mal « bien », et le bien « mal ». Et ils accomplissent ainsi la prophétie d'Ésaïe.

Malheur à ceux qui appellent le mal bien, et le bien mal,

Qui changent les ténèbres en lumière, et la lumière en ténèbres,

Qui changent l'amertume en douceur, et la douceur en amertume !

Ésaïe 5 :20

Je ne sais pas pour vous, mais lorsque je lis la bible et que je regarde dans notre passé et dans notre présent, je vois s'accomplir sous mes yeux toutes les prophéties de l'Ancienne et la Nouvelle alliance.

À mon sens, il est temps que les responsables des églises dans ce pays commencent à prêcher sur les temps de la fin. Il faut préparer l'Église du Seigneur pour ne pas manquer d'huile, car il viendra chercher une épouse glorieuse sans tache ni ride.

J'aimerais attirer votre attention sur un autre un point. On voit de plus en plus de gens se faire tatouer la peau, et leurs tatouages sont de plus en plus nombreux, il paraît que c'est la mode. Mais vous êtes-vous renseigné sur la composition de l'encre que vous vous injectez dans le corps ? Elle contient de l'oxyde de fer, du chrome, du titane, du charbon, de la gélatine ou encore du carbone, ce qui dérègle le système immunitaire sans prendre en compte tous les autres effets secondaire que je ne connais pas. Et je ne vous parle même pas de ce qui se passe pour certaines personnes qui gravent sur leur corps des symboles sataniques ou autres divinités grecques, égyptiennes, etc.

Allons voir ce que dit la parole à propos des tatouages.

Vous ne ferez pas d'incisions dans votre chair pour un mort, et vous n'imprimerez point de figures sur vous. Je suis l'Eternel.

Lévitique 19:28

C'est pour cela que Dieu dit que son peuple périt par manque de connaissance. Si Dieu dit, ne faites pas ça, ce n'est pas pour vous l'interdire, c'est pour vous faire prendre conscience des conséquences désastreuses que cette action va produire dans votre vie. Il veut vous protéger parce qu'il vous aime et qu'il nous a aimés le premier.

Ce qui me rend triste, c'est de voir à quel point certains croyants en Christ ne savent même que lors de la nouvelle naissance, ils ont vécu un changement d'identité pour leur permettre d'aller plus loin. J'ajouterais qu'il y a eu changement d'ADN. Car celui qui vit en vous, c'est le Saint-Esprit, vous êtes devenu le temple de Dieu parce que vous appartenez à Christ.

Notre priorité est tout d'abord notre communion avec Dieu, il faut se rendre régulièrement dans le lieu très saint. Ce que je vous dis, c'est la vérité. Tout le reste est plus facile ensuite, même la compréhension de la Bible. Dieu, par notre Seigneur Jésus-Christ nous donne un esprit de révélation, de sagesse et d'intelligence afin que l'on puisse discerner sa volonté.

Savez-vous qu'en Suède, ils sont à l'heure actuelle en train de tester une puce à implanter sous la peau qui va nous permettre de tout payer, d'ouvrir une porte, d'acheter une place de cinéma, de faire nos courses et bien d'autres choses encore, c'est génial, n'est-ce pas ? Vous verrez que dans quelques années, les gens s'étonneront alors : t'as pas une puce ?

Lisons ensemble un passage de l'Apocalypse à ce sujet.

Et elle fit que tous, petits et grands, riches et pauvres, libres et esclaves, reçussent une marque sur leur main droite ou sur leur front,

et que personne ne pût acheter ni vendre, sans avoir la marque, le nom de la bête ou le nombre de son nom.
Apocalypse 13:16-17

Le processus est toujours le même avant qu'il ne se répande et devienne planétaire, comme pour les tatouages. Voici comment ils procèdent : ils déterminent une zone géographique dans le monde pour effectuer des tests, puis ils utilisent les médias et les réseaux pour connaître la réaction de la population. Ensuite, ils y apportent des corrections si besoin est, enfin, ils lancent la partie marketing pour créer un nouveau besoin qui va faciliter la vie de l'homme. Et comme l'homme aime la facilité, la majorité des gens vont se battre pour acquérir ce nouveau produit à la mode, celui qu'il faut absolument avoir.

Ils ont toujours cherché un moyen pour contrôler l'humanité et ça ne date pas d'aujourd'hui. Le point de bascule a commencé par la première presse écrite dans les années 1600. Ensuite est venue la radio, puis la télévision a été introduite dans les foyers et avec l'arrivée d'Internet, nous avons fait un énorme saut dans le temps.

Et là, les gouvernements ont compris qu'ils détenaient une arme puissante pour mettre une nouvelle semence dans l'homme. Et ils veulent que ce dernier devienne de plus en plus égocentrique, tourné vers lui-même, cela permettant à l'orgueil de prendre une place de plus importante, mais vous et moi le savons bien : *je sais, j'ai réussi, je suis le plus beau, je suis le meilleur…*

Cela ne vous rappelle-t-il rien ? Si ? Creuser un peu dans la parole de Dieu, c'est cet amour du « moi » qui a fait chuter Lucifer alors qu'il était un chérubin protecteur.

(Lire Ézéchiel 28 et Ésaïe 14)

2 Le Sein d'Abraham et le Destin des Âmes : Une Exploration Biblique

CHAPITRE 2

Le Sein d'Abraham et le Destin des Âmes : Une Exploration Biblique

L'explication se trouve dans l'Évangile de Luc.

En réalité, il s'agit du séjour des morts qui comportait deux compartiments : un pour les justes (le sein d'Abraham) et l'autre pour les injustes.

Il y avait un homme riche, qui était vêtu de pourpre et de fin lin, et qui chaque jour menait joyeuse et brillante vie. Un pauvre, nommé Lazare, était couché à sa porte, couvert d'ulcères, et désireux de se rassasier des miettes qui tombaient de la table du riche ; et même les chiens venaient encore lécher ses ulcères. Le pauvre mourut, et il fut porté par les anges dans **le sein d'Abraham**. Le riche mourut aussi, et il fut enseveli. **Dans le séjour des morts,** il leva les yeux ; et, tandis qu'il était en proie aux tourments, il vit de loin Abraham, et Lazare dans son sein. Il s'écria : Père Abraham, aie pitié de moi, et envoie Lazare, pour qu'il trempe le bout de son doigt dans l'eau et me rafraîchisse la langue ; car je souffre cruellement dans cette flamme. Abraham répondit : Mon enfant, souviens-toi que tu as reçu tes biens pendant ta vie, et que Lazare a eu les maux pendant la sienne ; maintenant il est consolé, et toi, tu souffres. D'ailleurs, il y a entre nous et vous un grand abîme, afin que ceux qui voudraient passer d'ici vers vous, ou de là vers nous, ne puissent le faire. Le riche dit : Je te prie donc, père Abraham, d'envoyer Lazare dans la maison de mon père ; car j'ai cinq frères. C'est pour qu'il leur *atteste ces choses, afin qu'ils ne viennent pas aussi dans ce lieu de tourments. Abraham répondit : Ils ont Moïse et les prophètes ; qu'ils les écoutent. Et il dit : Non, père Abraham, mais si quelqu'un des morts va vers eux, ils se repentiront. Et Abraham lui dit : S'ils n'écoutent pas Moïse et les prophètes, ils ne se laisseront pas persuader quand même quelqu'un des morts ressusciterait.*

Luc 16:19-31

Mais il faut savoir que depuis la mort de Jésus et après la résurrection du Seigneur, tous les justes qui demeuraient dans le sein d'Abraham sont montés au ciel par la route nouvellement inaugurée puisque le Seigneur a tout accompli sur la croix.

L'Évangile de Matthieu nous éclaire à ce sujet :

Jésus poussa de nouveau un grand cri, et rendit l'esprit. Et voici, le voile du temple se déchira en deux, depuis le haut jusqu'en bas, la terre trembla, les rochers se fendirent, les sépulcres s'ouvrirent, et plusieurs corps des saints qui étaient morts ressuscitèrent. Etant sortis des sépulcres, après la résurrection de Jésus, ils entrèrent dans la ville sainte, et apparurent à un grand nombre de personnes.

Matthieu 27:50-53

Et les injustes, me direz-vous ?

Eh bien, ils se trouvent encore dans le séjour des morts pour attendre les jugements.

Et qui doit les juger ?

Plusieurs versets dans la Bible qui en attestent, mais prenons celui des Actes.

Et Jésus nous a ordonné de prêcher au peuple et d'attester que c'est lui qui a été établi par Dieu juge des vivants et des morts. *Tous les prophètes rendent de lui le témoignage que quiconque croit en lui reçoit par son nom le pardon des péchés.*

Actes 10:42-43

Que se passe-t-il pour les morts en Christ depuis la résurrection de Jésus ?

Ils vont directement au ciel et ne passent plus par le sein d'Abraham. Pour les morts qui ont refusé de leur vivant de faire de Jésus-Christ leur Seigneur et leur Sauveur rejoignent directement le groupe du séjour de morts.

Le Jugement dernier, c'est pour qui ?

Pour toute personne qui meurt sans avoir accepté Christ passera par le Jugement dernier, mais avant cela, il faut que plusieurs prophéties s'accomplissent.

Chronologie

Je m'explique ci-dessous :

1) Il faut que l'apostasie augmente et que l'on ait vu paraître le fils de la perdition, l'adversaire de Dieu. Celui qui le retient, pour l'instant, c'est le Saint-Esprit.

Explication détaillée dans Thessaloniciens :

Que personne ne vous séduise d'aucune manière ; car il faut que l'apostasie soit arrivée auparavant, et qu'on ait vu paraître l'homme du péché, le fils de la perdition, l'adversaire qui s'élève au-dessus de tout ce qu'on appelle Dieu ou de ce qu'on adore, jusqu'à s'asseoir dans le temple de Dieu, se proclamant lui-même Dieu. **Ne vous souvenez-vous pas que je vous disais ces choses, lorsque j'étais encore chez vous ? Et maintenant vous savez ce qui le retient, afin qu'il ne paraisse qu'en son temps. Car le mystère de l'iniquité agit déjà ; il faut seulement que celui qui le retient encore ait disparu. Et alors paraîtra l'impie, que le Seigneur Jésus détruira par le souffle de sa bouche, et qu'il anéantira par l'éclat de son avènement. L'apparition de cet impie se fera, par la puissance de Satan, avec toutes sortes de miracles, de signes et de prodiges mensongers, et avec toutes les séductions de l'iniquité pour ceux qui périssent parce qu'ils n'ont pas reçu l'amour de la vérité pour être sauvés. Aussi Dieu leur enverra une puissance d'égarement, pour qu'ils croient au mensonge, afin que tous ceux qui n'ont* *pas cru à la vérité, mais qui ont pris plaisir à l'injustice, soient condamnés.*

2 Thessaloniciens 2:3-12

On parle également de lui dans l'Apocalypse 6:1-2.

2) Par la suite, il se produira une chose que le cerveau humain ne peut concevoir, mais qui va avoir lieu, que l'on soit d'accord ou pas.

L'épouse de Christ, son Église, sera enlevée de cette Terre.

En voici les preuves :

*Ce que je dis, frères, c'est que la chair et le sang ne peuvent hériter le royaume de Dieu, et que la corruption n'hérite pas l'incorruptibilité. Voici, je vous dis un mystère : nous ne mourrons pas tous, mais tous nous serons changés, **en un instant, en un clin d'œil, à la dernière trompette. La trompette sonnera, et les morts ressusciteront incorruptibles, et nous, nous serons changés.** Car* *il faut que ce corps corruptible revête l'incorruptibilité, et que ce corps mortel revête l'immortalité.*

1 Corinthiens 15:50-53

Alors, de deux hommes qui seront dans un champ, l'un sera pris et l'autre laissé ; *de deux femmes qui moudront à la meule, l'une sera prise et l'autre laissée.*

Matthieu 24:40-41

[...]. afin de faire paraître devant lui cette Eglise glorieuse, sans tache, ni ride, ni rien de semblable, mais sainte et irrépréhensible.

Éphésiens 5:27

Et ensuite, Dieu va retirer sa grâce de la Terre, ce sera la fin de la Pentecôte, laquelle a commencé après la Pâques par la venue du Saint-Esprit sur Terre, soit 50 jours après la résurrection de Jésus et 10 jours après son ascension.

Je pris ma houlette grâce, et je la brisai, pour rompre mon alliance que j'avais traitée avec tous

les peuples. *Elle fut rompue ce jour-là ; et les malheureuses brebis, qui prirent garde à moi, reconnurent ainsi que c'était la parole de l'Eternel.*
Zacharie 11:10-11

3) À partir de là, le monde va entrer dans ce que la Bible appelle les 7 années de tribulations qui se comptent même en nombre de jours.

Allons parcourir ensemble la parole pour en savoir plus… Je crois que ça devient très intéressant.

Quand on lit Daniel 9, au verset 24, alors que l'ange Gabriel instruisait Daniel, il lui dit que 70 semaines étaient fixées sur son peuple. On comprend alors qu'il parle de la prophétie de Jérémie au sujet de la déportation qui venait d'arriver à son terme.

Tout ce pays deviendra une ruine, un désert, et ces nations seront asservies au roi de Babylone pendant soixante-dix ans.

Jérémie 25:11

Ce qui veut dire que lorsque l'on en parle en semaines, dans ce contexte, on en parle en années.

Autre exemple qui nous intéresse plus sur les temps de la fin et dans lequel vous comprendrez qu'une semaine sera égal à 7 ans.

*Il fera une solide alliance avec plusieurs **pendant une semaine, et durant la moitié de la semaine** il fera cesser le sacrifice et l'offrande ; le dévastateur commettra les choses les plus abominables, jusqu'à ce que la ruine et ce qui a été résolu fondent sur le dévastateur.*

Daniel 9:27

On comprend dans ce verset qu'il fera une alliance pendant 7 ans (dans ce contexte, 1 jour = 1 année) et, au milieu de la même année, il fera cesser le sacrifice et l'offrande.

On comprend aussi que s'il y a offrande, il y aura obligatoirement un troisième temple.

Allons voir ensemble la signification du mot « semaine » en hébreu :

Définition de *Shabuwa`* :

1. Sept, période de sept (jours ou années), période de sept jours, une semaine
    o Fête des Semaines
2. Septennat, sept (années)

Généralement traduit par : semaine, sept jours.

Dans le livre de Daniel :

*Depuis le temps où cessera le sacrifice perpétuel, et où sera dressée l'abomination du dévastateur, **il y aura mille deux cent quatre-vingt-dix jours.***

Daniel 12 :11

On comprend par là que la durée de la dernière partie de la tribulation est de 3 ans et demi. Cette donnée est confirmée dans l'Apocalypse où nous retrouvons :

*Et il lui fut donné une bouche qui proférait des paroles arrogantes et des blasphèmes ; et il lui fut donné le pouvoir d'agir **pendant quarante-deux mois.***

L'Apocalypse 13:5

Toujours dans le livre de l'Apocalypse :

*Mais le parvis extérieur du temple, laisse-le en dehors, et ne le mesure pas ; car il a été donné aux nations, et elles fouleront aux pieds la ville sainte **pendant quarante-deux mois.***
Apocalypse 11:2

Dans le livre de Daniel :
Heureux celui qui attendra, et qui arrivera jusqu'à mille trois cent trente-cinq jours !
Daniel 12:12
Pourquoi heureux celui qui attendra 1 335 jours alors que Daniel nous parle aussi 1 290 jours, c'est-à-dire 45 jours de plus ?

En réalité, il n'y aura pas 45 jours de prolongation, mais 75 jours.
Je m'explique : on sait que 3 ans et ½ sont égal à 1 260 jours, donc 42 mois.

Exemple dans le livre de l'Apocalypse dans lequel on apprend que les deux témoins envoyés sur la Terre feront leur apparition à la moitié des 7 années de tribulations, vont prophétiser sur la Terre pendant 1 260 jours.

Je donnerai à mes deux témoins le pouvoir de prophétiser, revêtus de sacs, pendant mille deux cent soixante jours.
Apocalypse 11:3

Par déduction, si on soustrait 1 335 jours à 1 260 jours, nous obtenons 75 jours.

Alors pourquoi une prolongation de 75 jours ?

Voici mon avis, mais c'est à chacun de questionner le Saint-Esprit sur le sujet.

Le Seigneur Jésus-Christ est le seul roi qui n'a pas été couronné sur Terre. Alors qu'il est le roi des rois et seigneur des seigneurs. On sait aussi qu'il est venu en tant qu'agneau de Dieu qui a ôté le péché du monde, comme Jean Baptiste l'a annoncé. Mais pour son second retour, on sait qu'il reviendra en tant que lion de Juda comme c'est écrit dans le livre de l'Apocalypse :

Et l'un des vieillards me dit : Ne pleure point ; voici, le lion de la tribu de Juda, le rejeton de David, a vaincu pour ouvrir le livre et ses sept sceaux.
Apocalypse 5:5

D'où l'accomplissement de cette prophétie dans les Psaumes :

C'est moi qui ai oint mon roi sur Sion ma montagne sainte !
Psaumes 2:6
Et là s'accomplira d'autres psaumes :

Portes, élevez vos linteaux ; Elevez-vous, portes éternelles ! Que le roi de gloire fasse son entrée ! – Qui est ce roi de gloire ? – L'Eternel fort et puissant, L'Eternel puissant dans les combats.
Psaumes 24:7-8

Je boucle ce chapitre avec ce verset du livre de l'Apocalypse. C'est le seul livre de la Bible où l'on dit dans le premier chapitre au verset 3 :

Heureux celui qui lit et ceux qui entendent les paroles de la prophétie, et qui gardent les choses qui y sont écrites ! Car le temps est proche.

Le savais-tu ?

3 La Dernière Pluie : Réveil Spirituel et Prophéties Bibliques

Si vous êtes en Christ, vous avez certainement entendu parler dans vos églises respectives de la pluie de l'arrière-saison qui sera puissante avant le retour du Seigneur.

Est-ce que la Bible en parle ?

La réponse est OUI !

Bien sûr que la Bible en parle et cela va arriver, et ensuite seulement viendra la fin.

Pour l'instant, comme il est écrit dans Matthieu 24, les guerres un peu partout dans le monde, les tremblements de terre, les famines, l'iniquité qui s'accroît, la charité qui diminue ne sont que les prémices des douleurs. Il y aura des faux prophètes et des faux Christ, mais il faut que toutes ces choses arrivent pour que toutes les prophéties s'accomplissent avant le retour du Seigneur.

Les disciples posent cette question à Jésus : *à quoi va-t-on reconnaître le signe de ton avènement ?*

Cette bonne nouvelle du royaume sera prêchée dans le monde entier, pour servir de témoignage à toutes les nations. Alors viendra la fin.

Matthieu 24:14

D'après ce verset, il y aura une dernière pluie et l'Évangile sera prêché dans le monde entier. Cette pluie est aussi appelée dans le langage courant « réveil spirituel ».

Comme exemple, citons celui de 1906 à Los Angeles en Californie, aussi appelé le « réveil d'Azusa Street ». Il est à l'origine du mouvement des Églises pentecôtistes dans le monde. Ou encore, évoquons le « Réveil gallois » de 1904-1905 qui fut très puissant.

Quelques versets dans l'Ancien Testament nous parlent également de cette pluie.

*Et vous, enfants de Sion, soyez dans l'allégresse et réjouissez-vous En l'Eternel, votre Dieu, Car il vous donnera la pluie en son temps, Il vous enverra la pluie **de la première et de l'arrière-saison**, Comme autrefois.*
Joël 2:23

Ici il faut noter que cela risque d'être vraiment puissant en raison de l'addition des 2 pluies soulignées au verset ci-dessus.

Après cela, *je répandrai mon Esprit sur toute chair ; Vos fils et vos filles prophétiseront, Vos vieillards auront des songes, Et vos jeunes gens des visions. Même sur les serviteurs et sur les servantes, Dans ces jours-là, je répandrai mon Esprit.*
Joël 2:28

Ce verset est le même que celui que Pierre a utilisé dans Actes 2 :17-18 lors de la venue du Saint-Esprit sur Terre, ce qui a pour conséquence que des milliers de personnes sont venues à Jésus.

Ce dernier verset confirme qu'il y aura une dernière pluie, car il y a eu un avant lors de la naissance de l'Église primitive, on sait aussi qu'il y aura un après.

4 Les Mystères des Origines : La Femme de Caïn et les Enigmes de la Création

CHAPITRE 3

Les Mystères des Origines : La Femme de Caïn et les Enigmes de la Création

Si vous êtes en Christ et que vous lisez la parole de Dieu, vous vous êtes certainement posé cette question, tout comme moi.

Y avait-il sur Terre d'autres populations avant la création adamique ?

Comment se fait-il que Caïn ait trouvé sa femme, puisqu'il écrit dans le livre de la Genèse 4:17 :

Caïn connut sa femme ; elle conçut, et enfanta Hénoc. Il bâtit ensuite une ville, et il donna à cette ville le nom de son fils Hénoc,

Alors qu'il n'y avait sur Terre que quatre personnes ; Adam, Ève et Abel, lequel fut tué par son frère Caïn.

Ce sont des questions qui reviennent souvent, même lors du procès historique Scopes au Tennessee en 1925, et la conclusion est la suivante, les chrétiens sont incapables de défendre la Bible !

Pour comprendre ce phénomène, il nous faut remonter au début du livre de la Genèse – son premier mot est d'ailleurs *bereshit* en hébreu, c'est-à-dire « au commencement ». Il est également appelé dans cette même langue le livre du Tanakh qui nous relate l'histoire des origines de l'humanité, la création des cieux, de la Terre et de tout ce qui s'y trouve par YHWH, l'Élohim créateur.

Allons lire ensemble le premier chapitre de Genèse :

Au commencement, Dieu créa les cieux et la terre. La terre était informe et vide ; il y avait des ténèbres à la surface de l'abîme, et l'Esprit de Dieu se mouvait au-dessus des eaux.
Genèse 1:1-2

Si on relit ces deux versets, on comprend par là qu'il se passe quelque chose de spécial. Certains pensent même qu'il s'est écoulé **plusieurs millions d'années entre le verset 1 et le 2.**

Dieu créa au commencement les cieux et la Terre, donc tout était parfait, n'est-ce pas ? Alors que s'est-il passé dans le verset suivant pour que la Terre fût informe et vide, en langage courant, pour ce que fût le chaos total et le vide absolu ?

On découvre aussi que les ténèbres se trouvaient à la surface de l'abîme (eaux en bas, plus précisément, l'océan) et que le Saint-Esprit planait au-dessus des eaux.

Alors, pour répondre à la question première, à savoir pourquoi la Terre est devenue informe et vide, j'en pose une seconde : que s'est-il produit ?

Allons rendre visite aux prophètes Ézéchiel et Ésaïe, tous deux nous parlent d'une personne qui a joué un rôle important dans ce chaos planétaire.

Te voilà tombé du ciel, Astre brillant, fils de l'aurore ! Tu es abattu à terre, Toi, le vainqueur des nations ! Tu disais en ton cœur : Je monterai au ciel, j'élèverai mon trône au-dessus des étoiles de Dieu ; je m'assiérai sur la montagne de l'assemblée, à l'extrémité du septentrion ; Je monterai sur le sommet des nues, je serai semblable au Très-Haut. Mais tu as été précipité dans le séjour des morts, Dans les profondeurs de la fosse. Ceux qui te voient fixent sur toi leurs regards, Ils te considèrent attentivement : Est-ce là cet homme qui faisait trembler la terre, qui ébranlait les royaumes, qui réduisait le monde en désert, qui ravageait les villes, et ne relâchait point ses prisonniers ?

Ésaïe 14:12-17

Si on lit d'une manière attentive, il est clair que dans le livre d'Ésaïe au chapitre 14 et dans celui d'Ézéchiel au chapitre 28, on nous parle du même personnage. Et on comprend, d'après la description, qu'il s'agit de la rébellion et de la chute de Satan, avant que l'iniquité fût trouvée en lui et qu'il devînt un ange déchu – alors qu'il était un chérubin protecteur, il était même appelé « l'astre brillant », soit *heylel* en hébreu, ou encore « porteur de lumière », « le brillant », « l'étoile du matin ». D'autres traduisent ce mot par « Lucifer ».

Le nom Lucifer, avant qu'il ne devienne synonyme de Satan, signifie donc porteur de lumière. Dieu l'a créé ainsi et il a placé cet astre sur sa montagne sainte.

Nous connaissons la suite… Dieu l'avait créé parfait, d'une beauté et d'une sagesse qui le distinguaient de tous les anges de ciel (« ange » veut dire « messager »). Ainsi, il devait certainement être le plus beau et plus sage, mettant le sceau à la perfection (voir

Ézéchiel 28:12), jusqu'au jour où l'iniquité fut dévoilée en son cœur, car, voici ce qu'il disait :

Tu disais en ton cœur : je monterai au ciel, j'élèverai mon trône au-dessus des étoiles de Dieu ; je m'assiérai sur la montagne de l'assemblée, à l'extrémité du septentrion ; je monterai sur le sommet des nues, je serai semblable au Très-Haut.

Ésaïe 14:13

On appelle ça l'orgueil, l'égo démesuré, le « moi », et toujours « moi ». Vous le connaissez, c'est une maladie très répandue dans le monde, que seul le Christ peut soigner.

Mais ce qui est très étonnant, si vous lisez bien, c'est ce que Dieu lui a répondu :

Tu étais un chérubin protecteur, aux ailes déployées ; je t'avais placé et tu étais sur la sainte montagne de Dieu ; tu marchais au milieu des pierres étincelantes. Tu as été intègre dans tes voies, depuis le jour où tu fus créé jusqu'à celui où l'iniquité a été trouvée chez toi. Par la grandeur de ton commerce tu as été rempli de violence, et tu as péché ; je te précipite de la montagne de Dieu, et je te fais disparaître, chérubin protecteur, du milieu des pierres étincelantes. Ton cœur s'est élevé à cause de ta beauté, tu as corrompu ta sagesse par ton éclat ; je te jette par terre, je te livre en spectacle aux rois. Par la multitude de tes iniquités, par l'injustice de ton commerce, tu as profané tes sanctuaires ; je fais sortir du milieu de toi un feu qui te dévore, je te réduis en cendre sur la terre, aux yeux de tous ceux qui te regardent. Tous ceux qui te connaissent parmi les peuples sont dans la stupeur à cause de toi ; tu es réduit au néant, tu ne seras plus à jamais !

Ézéchiel 28:14-19

Je ne sais si vous l'avez remarqué, mais probablement que le Seigneur lui avait confié de grandes responsabilités. Lucifer devait sûrement avoir son poste de commandement au Ciel puisque l'Éternel le précipite de sa montagne sainte. Mais l'ange de lumière devait aussi avoir des sanctuaires sur Terre, comme c'est lui qui mettait le sceau à la perfection pour le Seigneur. Les habitants de la Terre devaient certainement le connaître parce qu'il est écrit que le peuple se trouvait dans la stupeur.

Et là, vous vous dites, c'est chaud ce que tu dis, il y aurait donc eu une création avant la création adamique (Adam & Ève) ?! Ma réponse est OUI !

Allons à présent consulter le livre de Jérémie, lequel nous apportera un éclairage un peu plus détaillé.

Je regarde la terre, et voici, elle est informe et vide ; Les cieux, et leur lumière a disparu. Je regarde les montagnes, et voici, elles sont ébranlées ; et toutes les collines chancellent. Je regarde, et voici, il n'y a point d'homme ; et tous les oiseaux des cieux ont pris la fuite. Je regarde, et voici, le Carmel est un désert ; et toutes ses villes sont détruites, devant l'Eternel, devant son ardente colère. Car ainsi parle l'Eternel : Tout le pays sera dévasté ; mais je ne ferai pas une entière destruction. À cause de cela, le pays est en deuil, et les cieux en haut sont obscurcis ; car je l'ai dit, je l'ai résolu, et je ne m'en repens pas, je ne me rétracterai pas.

Jérémie 4:23-28

Notez que Dieu nous dit clairement qu'il regardait la Terre, et elle était informe et vide, et que les cieux et leur lumière avaient disparu. Dieu regarda donc la Terre, les villes étaient détruites, le pays, dévasté, les cieux en haut, obscurcis, mais il ne souhaitait pas une entière destruction. Cela explique pourquoi la Terre avait perdu sa forme et se trouvait sans son contenu. Dans la Genèse 1, il n'y avait plus de lumière, c'était le chaos total, tous avaient été corrompus par la chute de Satan, même les cieux s'étaient assombris. Toujours dans ce même chapitre au verset 3, remarquez bien la première chose que Dieu va entreprendre pour remédier à tout cela : c'est de rétablir la lumière avant de s'occuper du reste. On la retrouve d'ailleurs dans le livre de Jean.

Cette lumière était la véritable lumière, qui éclaire tout homme venant dans le monde.
Jean 1:9
Nous savons aussi d'après le livre de Jérémie où Caïn d'où vient sa femme, puisque le Seigneur

a laissé un reste de l'ancien monde. Nous comprenons aussi pourquoi Caïn dit à l'Éternel :

Voici, tu me chasses aujourd'hui de cette terre ; je serai caché loin de ta face, je serai errant et vagabond sur la terre, et <u>quiconque me trouvera me tuera.</u>
Genèse 4:14

Vous savez que Pierre aussi parle dans ces épîtres de l'ancien monde et de la manière dont le Seigneur a procédé pour y mettre un terme.

Ils veulent ignorer, en effet, que des cieux existèrent autrefois par la parole de Dieu, de même qu'une terre tirée de l'eau et formée au moyen de l'eau, et que par ces choses <u>le monde d'alors périt, submergé par l'eau.</u>
2 Pierre 3:5-6

Vous aurez compris que dans les versets ci-dessus, il n'est nullement question du déluge qui survint au temps de Noé.

D'ailleurs dans la Genèse, Dieu apporte cette précision :

J'établis mon alliance avec vous : aucune chair ne sera plus exterminée par les eaux du déluge, et il n'y aura plus de déluge pour détruire la terre. Et Dieu dit ceci : C'est ici le signe de l'alliance que j'établis entre moi et vous, et tous les êtres vivants qui sont avec vous, pour les générations à toujours : j'ai placé mon arc dans la nue, et il servira de signe d'alliance entre moi et la terre.
Genèse 9:13

Je vous invite également à lire la Genèse 9:14-17.

Et d'après la 2de épître de Pierre, on apprend que les eaux ont existé avant la Terre puisque le sec a été tiré de l'eau.

Que pense la bible de la théorie du Big Bang ?

Albert Einstein a dit un jour : *Le hasard, c'est Dieu qui se promène incognito.* Vous devez vous demander pourquoi je vous parle d'Einstein. Eh bien, c'est parce qu'on va parler du célèbre big bang et surtout du fameux mur de Planck qui n'est autre que l'instant zéro du commencement de l'Univers, d'après le monde scientifique.

Vous avez certainement déjà entendu parler de la théorie du big bang selon laquelle l'Univers est né il y a **13,7 milliards d'années**. Je vous résume l'idée très rapidement, mais sachez qu'avant de rencontrer le Seigneur, j'étais aussi fasciné qu'intéressé par tout ce qui tourne autour de la cosmologie. J'avais même pris un abonnement au magazine Science & Vie que vous connaissez certainement. Pour en revenir à la naissance de l'Univers d'après la théorie du big bang, Voici les 4 phases de la formation de l'Univers.

1- Big bang.

2- Ère de l'inflation.

3- Découplage de l'interaction forte et faible et formation des particules.

4- Formation des étoiles et des galaxies.

La théorie du big bang, aussi appelée « Grand Boum » est un événement qui fait l'unanimité ou presque chez les scientifiques. Aujourd'hui, ils sont capables d'expliquer la naissance de l'Univers et de remonter le temps jusqu'au mur de Planck, c'est-à-dire à l'instant zéro de l'Univers.

Aux questions suivantes : d'où vient le big bang ? Existait-il quelque chose avant ce « grand boom » ? je répondrais que c'est un mystère qu'essayent encore de comprendre certains physiciens, mais sans succès, car cela échappe totalement aux cosmologistes. Le problème étant que les formules mathématiques et de physique ne tiennent plus avant le mur de Planck. Ils savent néanmoins qu'il s'est bien passé quelque chose juste avant l'instant zéro, à -10^{-43} secondes, mais quoi ?

Savez-vous comment les scientifiques ont appelé cela : « l'information brute » ou encore « l'information pure ».

Et là, j'ai envie de dire "LOL".

C'est pour cette raison que je suis tout à fait d'accord avec les propos du pape Jean-Paul II, recevant Stephen Hawking (physicien théoricien et cosmologiste britannique) en 1981. *Nous sommes bien d'accord, monsieur l'astrophysicien : ce qu'il y a après le big bang, c'est pour vous ; et ce qu'il y a avant, c'est pour nous…*

Nous savons en tant qu'enfants de Dieu si nous lisons et méditons la parole ce qu'il s'est réellement produit. L'information pure dont ils parlent, c'est tout simplement la parole créatrice par laquelle toute chose a été créée et qui est venue sur cette Terre il y a plus de 2 000 ans.

Pour preuve :

Au commencement était la Parole, et la Parole était avec Dieu, et la Parole était Dieu. Elle était au commencement avec Dieu. Toutes choses ont été faites par elle, et rien de ce qui a été fait n'a été fait sans elle. En elle était la vie, et la vie était la lumière des hommes.

Jean 1:1-4

Cette lumière était la véritable lumière, qui éclaire tout homme venant dans le monde. Elle était dans le monde, et le monde a été fait par elle, et le monde ne l'a point connue.

Jean 1:9-10

<u>Qui sont les fils de Dieu dans le livre de la Genèse ?</u>

Avant de boucler ce chapitre, j'aimerais que l'on parle d'un dernier sujet.

Qui sont les fils de Dieu qui ont pris pour femmes les filles des hommes dont la Bible parle ? Qui sont ces fameux géants et que sont-ils devenus ?

Lisons ensemble la Genèse pour le comprendre :

Lorsque les hommes eurent commencé à se multiplier sur la face de la terre, et que des filles leur furent nées, <u>les fils de Dieu</u> virent que les filles des hommes étaient belles, <u>et ils en prirent pour femmes parmi toutes celles qu'ils choisirent.</u> Alors l'Eternel dit : Mon esprit ne contestera pas à toujours avec l'homme, car l'homme n'est que chair, et ses jours seront de cent vingt ans.

Genèse 6:1-4

Après lecture, on comprend que les fils de Dieu virent que les filles des hommes étaient belles et les prirent pour femmes, et ils engendrèrent des géants. Ce qui déclencha d'ailleurs la colère de notre Seigneur.

Les questions qui nous viennent alors à l'esprit, c'est bien sûr : qui sont ces fils de Dieu et ces géants qui naquirent d'un accouplement non autorisé par le Seigneur ?

Si je puis me permettre, pour répondre à ces interrogations, nous sommes obligés de consulter le livre d'Hénoch puisque Jude, le frère du Seigneur, et même l'apôtre Pierre en parlent.

Pour preuve :

C'est aussi pour eux qu'Enoch, le septième depuis Adam, a prophétisé, en ces termes : Voici, le Seigneur est venu avec ses saintes myriades, pour exercer un jugement contre tous, et pour faire rendre compte à tous les impies parmi eux de tous les actes d'impiété qu'ils ont commis et de toutes les paroles injurieuses qu'ont proférées contre lui des pécheurs impies.

Jude 1:14-15

Christ aussi a souffert une fois pour les péchés, lui juste pour des injustes, afin de nous amener à Dieu, ayant été mis à mort quant à la chair, mais ayant été rendu vivant quant à l'Esprit, dans lequel <u>aussi il est allé prêcher aux esprits en prison, qui autrefois avaient été incrédules,</u> lorsque la patience de Dieu se prolongeait, aux jours de Noé, pendant la construction de l'arche, dans laquelle un petit nombre de personnes, c'est-à-dire, huit, furent sauvées à travers l'eau.

1 Pierre 3:18-20

Car, si Dieu n'a pas épargné les anges qui ont péché, mais s'il les a précipités dans les abîmes de ténèbres et les réserve pour le jugement.

2 Pierre 2:4

Pour la petite histoire, le livre d'Hénoc est un écrit attribué à Hénoch, arrière-grand-père de Noé. Il fait partie du canon biblique de l'Église éthiopienne orthodoxe, mais est considéré comme apocryphe par les autres chrétiens et les Juifs. C'est lors du concile convoqué par l'empereur Constantin, en 364, que ce livre fut écarté du canon, bien que son influence puisse encore se faire sentir dans les écrits. D'après le livre d'Hénoc donc, les fils de Dieu qui sont cités sont des anges (appelés aussi les « veilleurs ») et ils étaient alors au nombre de 200. Ils ont d'ailleurs fait un serment entre eux au mont Hermon avant de descendre pour s'unir avec les filles des hommes. Et ils mirent au monde des géants, nommés aussi *nephilims* en hébreu (code Strong n° 5 303). Le châtiment du Seigneur ne tarda pas sur ces veilleurs qui avaient abandonné leur poste. Ils furent tous enchaînés et attendirent leur jugement pour être jetés dans l'abîme de feu, sauf l'un d'entre eux qui fut, pieds et mains liés, précipité dans les ténèbres en attendant d'être jeté dans le brasier, parce qu'il avait enseigné l'injustice, et à cause de toutes les œuvres de blasphème, de violence et de péché qu'il avait apprises aux hommes. En ce qui concerne les géants, comme ils sont devenus des hybrides après leur mort, ils devinrent des esprits méchants, condamnés à errer sur la Terre jusqu'au retour du Seigneur.

On est amené à délivrer les captifs. C'est pour cette raison que nous avons des départements de délivrance dans certaines églises, lesquels sont amenés à délivrer les captifs :

Voici les miracles qui accompagneront ceux qui auront cru : en mon nom, ils chasseront les démons ; ils parleront de nouvelles langues ; [...]
Marc 16:17

Il est également à noter que Pierre dit que Jésus est allé prêcher aux esprits en prison, qui autrefois avaient été incrédules. D'après ce texte, on comprend que Christ est descendu en enfer pour proclamer sa victoire et la condamnation finale des anges déchus emprisonnés depuis l'époque de Noé.

Tous les actes que Jésus a posés, toutes les paroles qu'il a prononcées, tout est prophétique, tout a un but bien précis, mon ami. Ce n'est pas sans raison qu'il a dit à Pierre :

Et moi, je te dis que tu es pierre, et que sur cette pierre je bâtirai mon Église et que les portes du séjour des morts ne prévaudront point contre elle.
Matthieu 16:18

L'Église de Jésus Christ est glorieuse et indestructible ! *Christ est le chef de l'Église, qui est son corps, et dont il est le Sauveu*r (Éphésiens 5:23), […] *Jésus Christ lui-même étant la pierre angulaire* (Éphésiens 2:20) et nous sommes décrits comme des pierres vivantes (1 Pierre 2:5) que le Seigneur forme tel un sage architecte.

Conclusion

Conclusion

Mon conseil, si tu veux vivre une vie de victoire en Christ, <u>il faut donner le pouvoir au Saint-Esprit, c'est obligatoire.</u>

Assieds-toi et accepte d'être transformé par le Saint-Esprit.

Pour que tu comprennes ce que j'essaie d'expliquer, je vais remonter le temps et te raconter, par des exemples de ma vie courante, comment le Seigneur a procédé avec moi et continue encore à opérer dans ma vie de tous les jours.

Comme tu le sais peut-être, la première fois que j'ai rencontré Jésus, c'était lors de la guérison d'une dent. Et par la suite, d'autres miracles ont suivi, tels que l'arrêt de l'alcool, etc.

J'avais pris l'habitude dès le départ de parler au Seigneur, de lui demander son avis, même quand je faisais des courses, son avis était essentiel pour moi. Je ne m'en rendais pas compte à cette époque, mais en réalité, le Saint-Esprit était devenu la personne la plus importante de ma vie.

Un soir, des amis m'ont invité à une soirée de salsa vers 23 h 30, ils ont voulu se rendre dans une boîte de nuit à côté. Je n'avais aucune envie d'y aller, mais ils ont tellement insisté que je les ai suivis. En même temps, j'entendais cette voix qui me disait, *c'est pas un endroit pour toi*, je me suis dit, bof, ce n'est qu'une boîte de nuit, rien de plus. À notre arrivée, il y avait une longue queue, mais le videur m'a reconnu et m'a fait un signe de la main pour me dire de contourner la foule et d'entrer avec mes amis par la petite porte qu'il me montrait. C'était bizarre, j'avoue que je ne connaissais pas ce videur, en tout cas, sa tête ne me disait rien. Arrivés à l'intérieur, nous avons commandé à boire et nous sommes installés autour d'une table. Au bout d'un quart d'heure, la musique s'est coupée, mais la lumière est restée allumée. Au bout de vingt minutes, toujours pas de musique, et le DJ disait, c'est pas normal et 'il ne comprenait pas. Mais moi, j'ai compris. J'ai donc dit à mes amis : on s'en va. Et c'est ce qu'on a fait. Je suis rentré chez moi et j'ai demandé pardon au Seigneur.

C'est pourquoi, selon ce que dit le Saint-Esprit : Aujourd'hui, si vous entendez sa voix, n'endurcissez pas vos cœurs, comme lors de la révolte, le jour de la tentation dans le désert [...].
Hébreux 3:7-8

Un après-midi, j'étais en train de lire la bible quand d'un coup, je ne sais ce qu'il s'est passé, je me suis mis à comprendre tout ce que je lisais, pas d'une manière intellectuelle, mais par révélation de l'Esprit. Et cela pendant une page complète. Ça peut paraître complètement fou, mais les paroles que je lisais sortaient de la bible et entraient simplement en moi. Et c'est à ce moment-là que je me suis rendu compte que j'étais en larmes. C'était tellement fort que j'ai demandé au Seigneur d'arrêter et tout a cessé. Et le Saint-Esprit m'a dit, *voilà ce qui se passe quand un enfant de Dieu lit la Parole.*

C'est pour cette raison qu'il est dit :
Jésus répondit : Il est écrit : L'homme ne vivra pas de pain seulement, mais de toute parole qui sort de la bouche de Dieu.
Matthieu 4:4

Ou encore dans les Psaumes :

Ta parole est une lampe à mes pieds, Et une lumière sur mon sentier.

Psaumes 119:105

Un jour où j'étais à mon travail, le pasteur de mon église m'a envoyé un message pour me demander des nouvelles d'une personne que je connaissais. Comme on avait rarement l'occasion de discuter, j'ai profité de l'instant pour l'appeler et échanger avec lui. Le Seigneur nous a fait cette grâce, de nous donner un serviteur qui aspire aux choses d'en haut, comme il est écrit :

Si donc vous êtes ressuscités avec Christ, cherchez les choses d'en haut, où Christ est assis à la droite de Dieu. Affectionnez-vous aux choses d'en haut, et non à celles qui sont sur la terre.
Colossiens 3:1-2

Bref, au cours de l'échange téléphonique, je lui ai confié que j'avais vu le Saint-Esprit à côté de lui lors d'une prière d'intercession à l'église. Et je lui ai aussi dit que le Seigneur m'avait fait cette grâce, de voir à travers le monde spirituel.

Et tout de suite, la question qui vous vient à l'esprit, est sûrement la suivante : est-il possible de voir l'Esprit du Seigneur ? Ma réponse est OUI ! Et je sais que je ne suis pas le seul dans la communauté chrétienne par le monde à le voir. D'ailleurs, Jésus en a parlé, il a dit que les chrétiens le verraient :

L'Esprit de vérité, que le monde ne peut recevoir, parce qu'il ne le voit point et ne le connaît point ; mais vous, vous le connaissez, car il demeure avec vous, et il sera en vous.

Jean 14:17

Le Seigneur nous a à plusieurs reprises exhortés à la compréhension de la venue du Consolateur sur Terre et son importance pour le peuple de Dieu. Je vous invite à ce sujet à relire Jean, chapitres 14 à 17.

Il est temps, mon ami, que le monde sache que Jésus-Christ est le Roi des rois et le Seigneur des seigneurs, il faut rentrer dans le surnaturel de Dieu.

En vérité, en vérité, je vous le dis, celui qui croit en moi fera aussi les œuvres que je fais, et il en fera de plus grandes […].
Jean 14:12

Nous sommes des ambassadeurs de Christ sur Terre, appelés à manifester la puissance de Dieu et à annoncer la bonne nouvelle du royaume afin que des âmes soient sauvées pour la gloire de notre Seigneur.

Dieu a dit une chose à Josué qui est devenue une réalité dans ma vie :

Nul ne tiendra devant toi, tant que tu vivras. Je serai avec toi comme j'ai été avec Moïse.
Josué 1:5
Ne vous conformez pas au siècle présent, mais soyez transformés par le renouvellement de l'intelligence, afin que vous discerniez quelle est la volonté de Dieu, ce qui est bon, agréable et parfait.
Romains 12:2

Le Dieu de toute grâce, qui vous a appelés en Jésus-Christ à sa gloire éternelle, après que vous aurez souffert un peu de temps, vous perfectionnera lui-même, vous affermira, vous fortifiera, vous rendra inébranlables.

1 Pierre 5:10

Soyez béni et fortifié !

NB : tous les versets bibliques où Jésus dit deux fois « en vérité », sachez que nous devons y apporter une attention toute particulière.

Pour conclure, si tu veux que Christ soit révélé en toi, il faut mourir à soi et s'abandonner au Saint-Esprit, c'est la seule option pour plaire à Dieu et marcher dans la victoire.

La Nouvelle Naissance : Chemin vers le Royaume de Dieu

Je ne pouvais pas conclure ce manuscrit sans te parler de la nouvelle naissance.

Qu'est-ce qu'un chrétien né de nouveau et comment vivre cette expérience surnaturelle et hors du commun ?

Pour ça, rendons-nous à cette rencontre nocturne entre Jésus et Nicodème dans Jean 3. Nicodème était un docteur de la loi très respecté par les hommes, mais très religieux, comme beaucoup à notre époque. Il a dit à Jésus qu'il savait qu'il était un docteur venu de Dieu et que personne ne pouvait faire les miracles qu'il faisait si Dieu n'était pas avec lui.

Maintenant, notez bien la réponse du Seigneur :

Jésus lui répondit : En vérité, en vérité, je te le dis, si un homme ne naît de nouveau, il ne peut voir le royaume de Dieu. Nicodème lui dit : Comment un *homme peut-il naître quand il est vieux ? Peut-il rentrer dans le sein de sa mère et naître ? Jésus répondit : En vérité, en vérité, je te le dis, si <u>un homme ne naît d'eau et d'Esprit, il ne peut entrer dans le royaume de Dieu.</u> Ce qui est né de la chair est chair, et ce qui est né de l'Esprit est esprit. Ne t'étonne pas que je t'aie dit : Il faut que vous naissiez de nouveau.*

Jean 3:7

Ce qu'il faut comprendre à travers ce que Jésus nous explique, *nul ne peut voir le royaume de Dieu s'il n'est né de nouveau,* c'est qu'il ne s'agit pas de la naissance physique comme Nicodème l'avait compris. Mais d'une naissance spirituelle. C'est notre esprit qui doit renaître de l'Esprit de Dieu, c'est le seul moyen de voir le royaume de Dieu afin d'être sauvé. Qui dit régénération de notre esprit dit aussi nouvelle création. En clair, Jésus-Christ va faire de toi une nouvelle personne. Et c'est à partir de là que ce qui est écrit dans la 2de épître aux Corinthiens devient une réalité pour toi :

Si quelqu'un est en Christ, il est une nouvelle créature. Les choses anciennes sont passées ; voici, toutes choses sont devenues nouvelles.

2 Corinthiens 5:17

Je pense que tu as compris dans le chapitre de Jean 3 que Dieu nous enseigne, en réalité, la manière dont chaque personne sur Terre peut entrer dans son royaume. Mais ce qu'il ne nous dit pas, c'est quel chemin emprunter pour que notre esprit renaisse par l'Esprit saint, n'est-ce pas ? Il n'y a pas plusieurs solutions, ni plusieurs chemins, mais un seul, il est venu sur Terre il y a plus de 2 000 ans. Et je te rassure, tu peux le rencontrer comme des milliers de personnes en ce bas monde, j'en suis la preuve vivante. Seules les personnes nées de nouveau ont obtenu le pardon de leurs péchés et ont rétabli leur relation avec Dieu. Je pourrais encore te dire beaucoup de choses sur le sujet, mais je te laisse avec les 3 versets ci-dessous :

Jésus lui dit : Je suis le chemin, la vérité, et la vie. Nul ne vient au Père que par moi.

Jean 14:6

Il n'y a de salut en aucun autre ; car il n'y a sous le ciel aucun autre nom qui ait été donné parmi les hommes, par lequel nous devions être sauvés.
Actes 4:12

Celui qui croit au Fils a la vie éternelle ; celui qui ne croit pas au Fils ne verra point la vie, mais la colère de Dieu demeure sur lui.
Jean 3:36

Le plus important dans tout ça, c'est que tu commences à parler à Jésus de là où tu te trouves, dans ton cœur, avec tes propres mots. Et de mettre ta confiance en Jésus-Christ afin qu'il devienne ton Seigneur et ton Sauveur et que tu te laisses convaincre par le Saint-Esprit.

<u>Invite-le dans ta vie, maintenant, n'attends pas !</u>

Si tu confesses de ta bouche le Seigneur Jésus, et si tu crois dans ton cœur que Dieu l'a ressuscité des morts, tu seras sauvé. Car c'est en croyant du cœur qu'on parvient à la justice, et c'est en confessant de la bouche qu'on parvient au salut […]

Romains 10:9-10

Remerciements

Merci à toi Saint-Esprit qui m'a encouragé et inspiré à écrire ce deuxième livre.

Merci pour ton onction dans ma vie.

Merci à tous ceux qui se sont procurés ce livre.

Que Dieu vous bénisse abondamment !

Relecture et correction du livre avec l'aide de la correctrice d'Ortho'plus, Virginie Poulard.

Elie Kassim

Transformation Spirituelle et Influence Culturelle

Un voyage de foi

FSC
www.fsc.org
MIXTE
Papier issu
de sources
responsables
Paper from
responsible sources
FSC® C105338